un moine bénédictin

une règle de vie

éditions sainte-madeleine

84330 Le Barroux
ISBN : 2–906972–14–2

INTRODUCTION

Ne croyez pas aux briseurs de règles qui parlent au nom de l'amour. Là où la règle est brisée, l'amour avorte.
(Gustave Thibon)

Deux mots résument magnifiquement la spiritualité monastique au XIIe siècle : *magnitudo,* grandeur de l'homme image de Dieu, et *rectitudo,* nécessaire effort de rectitude après l'effondrement du péché originel. Le mot *règle,* de même racine que *rectitudo,* n'a pas bonne presse, sauf chez les moines bénédictins qui voient dans la Règle de leur patriarche un monument de sagesse et l'expression très sainte de la volonté de Dieu.

Victimes depuis deux siècles d'une fausse philosophie, nous avons fini par voir dans la règle une entrave de la liberté alors qu'elle en est la condition même. Il y a quarante ans, Gustave Thibon avait lancé ce terrible avertissement : « Tu méprises les règles, les traditions et les dogmes. Tu ne veux imposer aucun cadre doctrinal à ton enfant, à ton disciple, fort bien. Tu lui verses à boire un vin précieux, tu oublies seulement de le munir d'une coupe ; qu'est-ce que le vin sans la coupe ? Il ruisselle en vain sur le sol, et le voilà à terre, il produit la pire boue. »

La tradition militaire et l'expérience du commandement témoignent en faveur de l'obéissance à la règle. Voici les notes d'un officier :

– « Plus la règle est sévère, plus il y a de liberté. Cela se conçoit. Un chef sûr de ses subordonnés peut être généreux dans l'octroi des faveurs.

– « On peut souffrir quelquefois d'être commandé trop ou à faux ; on souffre bien plus de ne l'être point, car le désordre arrive aussitôt et la plus grande misère pèse alors sur les petits.

– « Ce respect de la règle stricte mène loin, et en particulier à une grande sévérité dans les jugements, car selon ce principe, le Chevalier d'Assas n'a fait que son devoir ; mieux vaut prendre appui sur la perfection de la règle que sur l'imperfection de la nature.

– « Toujours les hommes seront obligés de s'assurer contre eux-mêmes. La bonne volonté ne suffit pas, car elle fléchirait vite devant l'épreuve répétée du péril de mort, plus vite encore devant le retour des travaux faciles mais ennuyeux qui remplissent la vie du soldat et qui sont cependant indispensables. »

Souvenirs du temps des morts
Capitaine André Bridoux

Combien d'âmes gémissent sur le tard de n'avoir su enserrer leur vie dans le corset de fer d'une règle morale exigeante ! Son emploi raisonnable leur eût épargné le spectacle désolant d'une existence sans rigueur, faite de mollesse et de paresse. « Ah ! si c'était à refaire... », se disent-ils avec un ensemble touchant. Mais le mot inexorable du poète tombe comme un couperet : *Never more !*

Sans discipline personnelle, pas d'artiste, pas d'écrivain, pas d'ingénieur ; talent personnel et sainteté sont voués à l'échec. Sans règle, pas de chef-d'œuvre, pas de vie contemplative, pas d'élévation mystique. Il serait temps de se débarrasser des slogans du facilisme qui jonchent le sol pourrissant de cette fin de siècle, et de retrouver le secret des anciens pour devenir, non des tricheurs malhonnêtes, mais les sages artisans de nos propres vies. Je ne sais plus quel écrivain disait : « Le génie consiste à s'asseoir à heure fixe à sa table de travail. »

Cependant on retiendra — surtout dans l'ordre spirituel — la comparaison établie par Charles Péguy entre les règles dures et les règles souples, celles-ci étant plus exigeantes que celles-là, parce qu'elles engagent l'homme dans une zone d'obligation plus profonde. C'est seulement dans ce sens, et non sans quelque appréhension, que nous proposons une règle pour la vie de l'âme.

Il y a quelques années, nous apprenions qu'une jeune femme brésilienne, mère d quatre enfants, amie du monastère, avait é victime d'un grave accident qui devait la lais infirme toute sa vie. Nous lui écrivîmes nous reçûmes deux mois après la répons vante :

Mon Père,

Votre lettre est la première que j depuis l'accident, et je vous en remerc tion a été très difficile et je sui

jusqu'à... ? Mais ma vie n'est pas brisée, comme vous l'écrivez, au contraire : je commence à vivre enfin ! C'est jadis que je ne vivais pas, je m'étourdissais dans le plaisir sans jamais penser à Dieu. Une autre Leonor vient de naître plus belle que l'ancienne et dans quelques jours mes enfants connaîtront le plus beau Noël de leur vie, parce qu'ils auront une nouvelle Maman qui veut désormais vivre pour Dieu.

Je voudrais maintenant que vous me disiez comment être fidèle à cette présence qui habite en mon âme. Veuillez me bénir et prier pour moi.

Leonor

L'auteur de cette lettre, décidée à entrer plus profondément dans les voies intérieures, insistait pour que je lui trace une sorte de règle de vie capable de l'aider dans les premiers temps. Emu de voir le prix qu'elle avait dû payer pour s'y préparer, et sachant combien peu d'âmes osent s'aventurer sur ces chemins, je décidai d'honorer sa demande. Telles sont les circonstances qui ont permis d'écrire ces lignes. Notre souhait serait qu'elles puissent servir à d'autres âmes d'égale bonne volonté.

Je lui posai d'abord une question : « Etes-vous résolue à employer les moyens voulus pour entrer dans la vie intérieure, et savez-vous qu'il y faut autant de courage que pour entrer en religion ? Si oui, alors confiez ce saint désir à la garde de la Vierge Marie. »

De trois maximes négatives

1 – Il faut prendre garde de ne jamais enfermer la vie spirituelle dans les exercices qui lui sont propres. Les *Sentences et Maximes* de saint Jean de la Croix elles-mêmes, ne sont pas bonnes pour tous uniformément. Il faut compter avec l'inspiration du Saint-Esprit, qui est la lumière des lumières. La règle d'or de la vie spirituelle ne s'écrit pas ; tout chemin est unique : *il s'agit essentiellement de correspondre à la grâce.*

2 – Eviter le papillonnage éclectique, qui voudrait tout lire, se pencher sur tous les auteurs, désirer tout savoir. Il y a grande sagesse à considérer quelle fut la première grâce qui nous a attirés à la vie intérieure, et à nous y tenir : par quelle onde mystérieuse

notre âme a-t-elle été touchée ? Parfois la beauté d'une vie de saint, un exemple de vertu, un événement chargé de sens, une parole ou un mystère de la vie du Christ, suffisent pour ouvrir une âme à la lumière. Notre unité intérieure se construit moins par un amas de connaissances successives, que par une fidélité constante à la grâce initiale. Mais cela demande une acuité de regard peu ordinaire. André Charlier disait : « La règle principale de la vie spirituelle est qu'il faut sans cesse rafraîchir le regard que nous posons sur les choses essentielles. »

3 – Il ne faut pas exposer aux yeux de tous le secret de votre vie intérieure. Ce qui est bon pour vous ne l'est peut-être pas pour autrui. En dogme, il faut tout croire, tout accepter. Au plan spirituel, en revanche, une grande liberté est de mise : *tenez pour bon ce qui vous réussit.* Un instinct secret vous avertira que vous êtes sur la bonne voie : « L'homme spirituel juge de tout et n'est jugé par rien. » (2 Cor.)

Le goût de Dieu

Au-dessus de toutes les disciplines et de tous

les règlements, il faut placer très haut quelque chose de primordial, qui donne son sens à tout le reste : *le goût de Dieu.* Saint Benoît, avant de lire la Règle des moines au postulant, lui demande si *vraiment* il cherche Dieu. S'il a soif de celui-là seul qui pourra le rassasier. Le don de sagesse fait goûter combien le Seigneur est doux, il éveille dans l'âme un attrait pour les vérités surnaturelles. Cette attirance explique l'histoire des âmes, c'est elle qui les conduit au cloître, qui redresse le fils prodigue et lui fait dire : *Je me lèverai et j'irai vers mon Père.* Je vous exhorte à cultiver ce goût de Dieu, à l'entretenir par la lecture, par la méditation et par l'oraison. Il est pour l'âme une source inépuisable de douceur. Au-dessus de toutes les joies de la terre, de toutes les consolations humaines, de tous les désastres, peut-être, et de toutes les déchéances, il y aura ce pacte secret d'amour qui vous tiendra lieu de tout.

La lecture

C'est une chose bien normale de lire pour s'instruire ; lire pour nourrir son âme est plus rare. Il s'agit alors de lire et de relire lentement un livre aimé : l'Evangile, les Epîtres, l'Imitation ou les écrits des saints, ou tout autre livre capable de graver dans votre esprit quelque chose d'éternel. Gustave Thibon raconte que lors d'un voyage en avion qui emmenait des savants à un congrès de philosophie, l'un d'eux, c'était Gabriel Marcel, demanda à son voisin : « Si l'avion subissait une avanie et que votre vie soit en danger, est-ce que votre philosophie vous aiderait à vous préparer à la mort ? » La réponse fut négative. C'est pourtant bien à cela que devraient nous servir nos lectures : nous éclairer et nous conforter dans nos convictions intimes. Il est recommandé de lire la plume à la main, de colliger nos idées chères sur un *livre de raison,* et de tapisser sa mémoire de quelques grands textes qui donnent un sens à la vie.

La méditation

La mode est passée de ces développements en trois points sur un thème donné. Mais il vous arrive de tomber en arrêt devant une phrase, ou un mot, ou bien devant une belle image dont vous avez de la peine à vous défaire. Ou encore une parole qui fait autorité et qui vous revient sans cesse en mémoire. Ce que certains appellent rêverie, il suffirait de peu pour en faire une méditation. Le mot latin *meditari* signifiait, pour les anciens, répéter à haute voix, mâchonner, soupeser sans cesse les mots d'un texte pour s'en nourrir et se les incorporer. Certains me disent : « Mon Père, je n'arrive pas à méditer. » Mais le but de la méditation, c'est l'oraison. Certaines âmes entrent tout de suite en oraison. Saint Vincent de Paul prend leur défense : lorsque la mèche s'allume, dit-il, va-t-on continuer encore à battre le briquet ?

L'oraison

On a écrit des livres sur l'oraison, on a tâché de la définir. Elle est un repos en Dieu. Si Jésus est tout pour vous, absolument tout, alors la question de la prière intérieure, qui est vitale, ne se posera plus comme un devoir mais comme un besoin. N'ayez garde d'oublier cependant qu'ici-bas, rien de bon ne se fait sans discipline, sans règle, et je dirais même sans douleur. On dit bien que la prière est la respiration de l'âme, mais cette respiration, pour les malades que nous sommes, se règle, comme la nutrition et la marche.

Alors il faut vous ménager chaque jour vingt minutes pour permettre à votre âme de respirer librement en Dieu. Existe-t-il des méthodes ? Oui, et les plus simples sont les meilleures. Réciter très lentement une prière et s'arrêter à certains moments. Monsieur Olier conseillait : « Jésus devant les yeux, Jésus attiré au cœur, Jésus dans les mains. » Sainte Thérèse d'Avila aimait à regarder par la foi le Christ présent dans son âme. Elle disait : « L'oraison est un échange d'amitié où l'on s'entretient souvent, seul à seul, avec Dieu dont on sait qu'il nous aime. » Et le Père de Foucauld : « Prier, c'est penser à Jésus en l'aimant. »

Enfin Bossuet : « Il faut s'accoutumer à nourrir son âme d'un simple et amoureux regard en Dieu et en Jésus-Christ notre Seigneur ; et, pour cet effet, il faut la séparer doucement du raisonnement, du discours et de la multitude d'affections, pour la tenir en simplicité, respect et attention, et l'approcher ainsi de plus en plus de Dieu, son unique et souverain bien, son premier principe et sa dernière fin. »

L'oraison jaculatoire

Quand votre âme, pour quelque raison, ne pourra plus prier à la façon réglée et organisée qui vous était habituelle, elle devra s'élancer vers Dieu dans un mouvement libre et affectueux, et ces élans successifs vous disposeront à ce sommet enviable qu'est *l'oraison de simplicité.* Certains auteurs font peu de cas de l'oraison jaculatoire ; ils y voient une sorte de parent pauvre de la prière, à l'usage des gens du monde incapables de se concentrer. Mais la prière n'est pas une concentration de l'esprit. Elle est un regard amoureux, un repos, un abandon de l'âme au-dessus des agitations. Une seconde nature. « Le moine, disait Jean Cassien, commence réellement à prier quand il ne s'aperçoit plus qu'il prie. » C'est là l'union continuelle à Dieu qu'ambitionnent les saints, et qui marque l'entrée dans la vie mystique.

Le Rosaire

Réciter chaque jour les cinq dizaines du chapelet qui composent, le long de la semaine, la série des mystères du Rosaire, est un appoint considérable pour une recherche de vie intérieure. Et cela, non pas tant en vertu d'une plus grande quantité de prière, que par la grâce des *mystères* qui vous accompagnent tout au long des jours. Léon XIII fait remarquer que, par la série des mystères joyeux, douloureux et glorieux, l'âme repousse les trois maux qui entravent sa marche vers Dieu : le dégoût des humbles devoirs de la vie quotidienne (mystères joyeux) ; l'aversion pour la souffrance (mystères douloureux) ; l'oubli des biens éternels (mystères glorieux). Peu à peu les phases de la vie du Christ et de sa Mère feront partie de votre âme, et vous les sentirez comme un parfum qu'on respire. Ne vous évertuez pas à *conscientiser* la répétition des *Ave Maria* ; ils sont là pour soutenir un regard contemplatif sur la beauté surnaturelle de la Vierge.

D'autre part, le saint Rosaire, comme la manne des Hébreux, s'adapte au goût de chacun : la vertu de chaque mystère correspond à la grâce dont nous avons besoin pour continuer notre route. Dom Chautard voyait dans le chapelet un *échange de regards* doux et affectueux entre l'enfant et sa Mère. Le Père Vayssière, formé par la récitation du Rosaire, disait : « Nous devons nous perdre, nous ensevelir dans l'incomparable tendresse de Marie et là y vivre, y respirer dans une foi totale, une confiance et un abandon absolus. »

Confession et communion

Deux actes sacramentels vous accompagnent tout au long de votre vie : la confession et la communion. Pour la confession, voici quelques indications : si possible, soyez fidèle à vous confesser au même prêtre. Soyez brève dans vos accusations et précise dans les circonstances qui les entourent. Confessez-vous régulièrement en réveillant dans votre âme la contrition et le ferme propos. Ne cherchez pas à établir un dialogue. Avec les yeux de la foi, regardez dans le prêtre ce que Dieu a fait de lui par l'ordination sacerdotale : un juge, un médecin et un père. Juge, parce qu'il reçoit vos accusations et les juge dignes de l'absolution (il ne juge pas votre âme où seul pénètre le regard de Dieu). Médecin, parce qu'il vous dira le moyen de réparer les fautes commises. Père, car il vous exhorte avec douceur au courage et à la confiance.

Quant à la communion eucharistique, il faut savoir que les fruits qui en dépendent sont en relation directe avec l'idée que l'on se fait de la messe. L'hostie consacrée à la messe est Jésus-Christ en personne ; mais on ne dit pas assez que le Seigneur Jésus est présent sur l'autel comme victime d'un sacrifice, et que c'est à la victime que nous communions, *dans l'acte même de son oblation sacrificielle* : voyez quelle exigence cela suppose dans la conduite de votre vie quotidienne, dans l'acceptation des épreuves que vous traversez et dans l'esprit d'offrande qui doit dominer sur tous vos états d'âme.

La prière liturgique

Ayez la plus grande estime pour les actions qui appartiennent en propre à la sainte Eglise :

chants, signes, formules sacramentelles où s'expriment non des sentiments humains individuels subjectifs, marqués par les temps et les circonstances, mais la pensée éternelle de Dieu.

Le plus vénérable de ces monuments de la piété chrétienne est la messe latine et grégorienne selon l'ancien rite. Ayez sous les yeux une traduction qui vous permette d'en saisir toute la richesse, et tâchez d'en garder en vous la substance : vous puiserez là quelque chose d'inexprimable, supérieur à toute parole humaine.

Considérez le missel comme le manuel par excellence du chrétien. L'agencement des textes empruntés à la sainte Ecriture, tels que vous les offre la liturgie du jour, donne à votre lecture une valeur supérieure à ces mêmes textes si vous les aviez choisis de votre propre mouvement : c'est l'Eglise qui vous les présente pour les besoins de votre âme, c'est elle, cette « grande mère l'Eglise aux genoux de laquelle j'ai tout appris » (Claudel), qui les insère dans le cycle des mystères du Christ. Les textes et les rites sacrés vous apprendront en outre la révérence profonde que l'âme doit ressentir en présence des choses divines. Qu'il s'agisse du déroulement somptueux d'une messe solennelle, ou de la plus humble bénédiction du rituel pour un enfant malade, c'est la même grandeur d'inspiration qui transparaît. C'est par cette attention et cette estime envers les actes relevant en propre de l'Eglise, que se forge une âme catholique.

Les intercesseurs

La règle de la prière chrétienne implique le recours à l'intercession des saints, en particulier celle de notre patron de baptême, des saints protecteurs des nations, et des anges gardiens. Mettre plus haut que tout le Sacré-Cœur, notre grand Ami, animé envers nous d'un amour *infini,* auquel nous pouvons *tout* demander. Marie Médiatrice que nous ne séparons pas de son Fils et qui nous conduit à lui en ligne droite. N'oublions pas les saints Anges, cette armée céleste si puissante, toujours prête à nous secourir : « Tout ce qui paraît vide est rempli des Anges de Dieu, et il n'est rien qui ne soit habité par la circulation de leur ministère. » (Saint Hilaire). N'omettez pas la prière quotidienne à votre ange gardien, ce frère du Paradis qui veille sur chacun de nous depuis notre naissance.

Enfin n'hésitez pas à recourir aux représentations de la Vierge et des saints en vous souvenant qu'il y eut aux premiers temps de l'Eglise des chrétiens qui acceptèrent de mourir martyrs pour les saintes images. Aimons les images, non pour y rester fixés, mais pour les dépasser. Elles sont comme les barreaux d'une échelle : les pieds ne montent que s'ils quittent le barreau sur lequel ils s'appuient. Les images, statues, icônes sont les fenêtres du Ciel destinées, dans le sillage de l'incarnation du Verbe, à nous ravir à travers les choses visibles dans l'amour des choses invisibles.

La direction spirituelle

Deux mille ans d'expérience constatent que depuis que Dieu s'est fait homme, c'est par les hommes que les hommes sont conduits vers Dieu. Mais il n'est pas donné à tous de rencontrer un directeur sûr et éclairé, capable de conduire les âmes dans les voies de Dieu. Sainte Thérèse de l'Enfant-Jésus n'en a jamais eu. Il est manifeste que Dieu voulait l'éclairer directement pour qu'elle enseigne aux âmes la voie de l'enfance spirituelle. Mais dès les premiers âges de l'histoire de l'Eglise, la tradition témoigne pour une paternité spirituelle du prêtre sur les fidèles. Cette direction doit être ferme, prudente et respectueuse envers le mystère des âmes. Sainte Thérèse d'Avila insiste pour que le père spirituel ait un jugement droit, de l'expérience, et qu'il soit un homme de doctrine. L'utilité du père spirituel se manifeste surtout au moment où le progressant, sevré de la piété sensible, entre dans la nuit des sens. Cette phase de la vie d'oraison étant parfois très éprouvante, le directeur devra discerner avec soin les trois signes indiqués par saint Jean de la Croix, qui marquent l'entrée dans la *voie illuminative :*

– ne trouver de goût et de consolation ni dans les choses divines ni dans les choses humaines ;

– garder en soi un vif désir de servir Dieu et la crainte de lui déplaire ;

– difficulté dans la méditation discursive et attrait pour l'oraison de simple regard.

Le devoir du dirigé tient en deux mots : ouverture d'âme et docilité. On connaît le mot de saint Bernard : « Celui qui se dirige par lui-même se fait le disciple d'un sot. » On lit dans le mémorial de Pascal ce mot lapidaire : « Obéissance absolue à mon directeur. »

La dépendance envers le père spirituel jouit de nombreux avantages : elle débarrasse l'âme de ses scrupules, écarte les illusions, mortifie la volonté propre. Enfin, l'obéissance au directeur virilise la vie spirituelle et la dispense des analyses et des retours sur soi qui nuisent grandement à la vie de l'âme. Rappelez-vous les sobres paroles de saint Louis à son fils : « Confesse-toi souvent et choisis des confesseurs vertueux et savants, qui sachent t'instruire de ce que tu dois faire ou éviter, et donne à tes confesseurs de te reprendre et de t'avertir librement. » Le démon en effet ne craint rien tant que l'ouverture d'âme, et certaines tentations humiliantes trouvent là leur dernier remède.

Le devoir d'état

D'un trait de sa manière, Blaise Pascal a tout dit sur la gravité du devoir d'état : « Faire les choses petites comme grandes à cause de la majesté de Jésus-Christ qui les fait en nous et qui vit notre vie, et les grandes comme petites et aisées à cause de sa toute-puissance. » Il y a deux principes autour desquels s'articulent et se distribuent les actions de votre journée : le devoir d'état et la charité envers vos plus proches. C'est toujours en dépendance de cette double exigence que vous placerez lecture et oraison. A vouloir intervertir l'ordre des choses, on risque de verser dans l'illusion. Votre mari et vos enfants doivent vous trouver toujours disponible. Réfugiez-vous alors dans l'instant présent. Richesse de l'instant présent : le passé n'existe plus, l'avenir n'existe pas encore, mais l'instant présent nous relie immédiatement à la présence éternelle de Dieu.

L'examen de conscience

Je transcris pour vous ce que disait le Père

Emmanuel aux âmes dont il avait la charge : « L'examen de conscience, c'est un regard que nous jetons sur notre âme, à la ressemblance du regard que Dieu y jettera au moment de notre mort. Alors le Bon Dieu approuvera ce qui sera bon, réprouvera ce qui sera mauvais, et selon que nous l'aurons mérité nous mettra au ciel, au purgatoire, ou en enfer. Il y a un autre moyen qu'on appelle l'examen particulier, et qui ne roule que sur un seul point. Comment notre âme a-t-elle pratiqué telle vertu ? Comment a-t-elle travaillé à corriger tel défaut ? Comment a-t-elle pratiqué tel de ses devoirs ? L'examen particulier est d'un très puissant secours à l'âme. Il faut le faire tous les jours, et très attentivement. Je promets le ciel, et un haut degré de gloire dans le ciel, à qui fera bien tous les jours l'examen particulier. » Apprenez à vos enfants à faire de même chaque soir avant de réciter l'acte de contrition, au moment de la prière en famille.

Rappelez-vous ce que disait Dom Romain : « Les deux grands obstacles à la vie intérieure sont les défauts mal reconnus et les fautes mal réparées. »

L'état de mariage

Ne vous étonnez pas si vous ressentez parfois une nostalgie de la virginité consacrée : c'est là le plus haut degré parmi les états de vie auxquels nous convie Notre-Seigneur dans l'Evangile. Il y a chez toute femme à la fois un attrait pour la maternité, et une secrète attirance pour l'état des vierges. Cela vient du caractère mystérieux et profond de la vocation de la femme. Sans doute l'état de mariage appartient-il à la voie commune, mais il ne doit jamais apparaître comme une voie facile qui dispense de la perfection. Tout est dit dans *Casti connubii* de Pie XI. L'Eglise rappelle l'austère devoir ; Dieu donne la grâce. Voici ce qu'en dit Louis Veuillot : « Vous trouverez que l'Eglise se mêle de beaucoup trop de choses : nous la bénissons, nous autres… car elle impose un temps d'attente, de réflexion, un confesseur, la prière : le mariage est un état saint, il faut y entrer avec tremblement, non comme dans une partie de plaisir, mais comme dans une voie de devoir, âpre quelquefois, toujours laborieuse, douce seulement comme le reste des choses de la vie, à force de sacrifice. »

La mortification

Il faut exercer une surveillance constante sur le lourd handicap qui grève depuis le péché originel notre nature blessée. En pratique, gardez bien en mains les rênes qui maîtriseront, parmi vos défauts habituels, quatre défauts piaffants. Je les nomme : le “petit orgueil”, la paresse, la gourmandise, la luxure. En maîtriser un, c’est les assagir tous. Ajoutez les efforts de patience, l’égalité d’âme, l’acceptation de vos maux et des contrariétés. Il y a là une somme de mortifications invisibles. Mais c’est l’amour-propre et la susceptibilité qui seront vos grands ennemis. Prenez les joies que Dieu vous donne, mais ayez souci de ne vous rechercher en rien. Faites tout pour la gloire de Dieu. C’est la méthode des saints.

La bonne humeur spirituelle

Celle qui devait devenir la fondatrice de l’abbaye Sainte-Scholastique de Dourgne recevait directement de Notre-Seigneur le secret de la conduite des âmes. Voici ce qu’elle écrivait à ce sujet : « L'union complète avec Dieu. C'est le plus haut point de la terre comme ce sera au Ciel le plus haut degré de notre félicité éternelle. Mais ces jours-ci, Il me révèle *très* à fond toutes les difficultés que les âmes y apportent… comme elles se trompent, comme elles s'embarrassent, comme elles s'illusionnent. Lui, au contraire, *nous tend les bras*, voilà toujours son attitude. Que c'est beau ! Mais, lors même que nous ne nous détournons pas, lors même que nous souhaitons cet embrassement divin de notre âme avec Dieu, nous nous imaginons mille difficultés ; notre pauvre imagination en crée, le démon suscite des pierres sur le chemin, nous tombons et pleurons à terre au lieu de nous relever pour courir au plus vite dans les bras de Jésus, l'Epoux le plus beau, le plus fidèle, le plus aimant, qui nous attend, qui nous invite, qui nous presse d'arriver…

« Il me disait me montrer ces choses pour que plus tard, je pusse L'aider à élargir les âmes, à les débarrasser, à leur montrer comme elle est simple, la voie de la perfection et de l'amour… Il me montrait aussi comment on devait envisager les tentations, qu'elles ne devaient pas nous effrayer, qu'il fallait les mépriser et continuer avec la même *tranquillité*, Il demande *beaucoup de paix*, Il ne veut pas que l'on se trouble jamais : Il me dit qu'Il aime mieux une âme qui tombe et qui se relève avec confiance et plus de courage et de calme en Lui, qu'une âme qui s'entoure de troubles et d'anxiétés. » N'oublions pas que les anciens mettaient la tristesse au nombre des péchés capitaux.

Le saint abandon

Au milieu des épreuves et contrariétés d'une épouse et d'une mère de famille prend place, hélas ! vous me l'avez dit bien souvent, une sorte de découragement sinon de désespoir grandissant. Mais le *terrible quotidien* comporte un cri d'appel à la Sainte Espérance. On observe que la deuxième vertu théologale n'est jamais aussi parfaite que lorsqu'elle se nourrit de nos échecs et de nos déconvenues. Elle nous conduit alors doucement au *saint abandon.* Il y a là un secret que tous ne connaissent pas et qui opère dans l'âme un desserrement de l'effort pour laisser Dieu agir plus parfaitement. Vous le pratiquez sans le savoir quand vous abandonnez à Dieu la conduite des événements dont la maîtrise vous échappe, soit dans l'ordre matériel, soit surtout dans l'ordre du progrès spirituel. Telle est la règle de la donation de soi-même à Dieu : « abnégation la plus profonde, dit le Père Rousselot, car au-delà de la joie ravissante de se donner, il y a celle de l'abandon pour l'opération du don même. » Rappelez-vous l'image bien connue de la petite barque amarrée au quai. Survient une tempête, elle est vite fracassée contre cette paroi de béton à laquelle elle ne peut échapper. Au contraire si la barque est détachée, elle monte et descend au gré des vagues, mais demeure intacte. Faites de même.

La charité fraternelle

Aimer, c'est vouloir le bien de ceux qu'on aime. Lorsque vous sentez votre âme dans un étau, sachez que votre mari et vos enfants ont besoin de votre gaieté et de votre sourire. L'oubli de soi en est la condition. Et la règle de la charité tient en trois mots : *se dévouer, se supporter, se pardonner.* Une longue pratique de la vie en communauté place les moines de plain-pied avec l'existence que mènent en famille nos frères du siècle : nous savons ce que vous portez. Mais j'ajouterai ceci : c'est l'ouverture d'âme qui sécrète la confiance, la détente, l'amour. Sans elle, comment desserrer l'étau de l'égoïsme ? Comment échapper à la rancune et à la rancœur ? C'est pourquoi il faut croire de toutes ses forces au bien qui réside chez les autres, à la bonne volonté qui se cache dans les cœurs ; il suffit parfois d'un courant de sympathie pour percevoir la beauté d'une âme, pour lire dans les yeux de vos enfants un reflet de la tendresse de Dieu.

La préparation à la mort

Saint Benoît recommande d'avoir chaque jour l'idée de la mort devant les yeux. Non pas une idée morose qui empoisonnerait les moindres joies de l'existence, mais l'idée bienheureuse de notre passage en Dieu qui est la joie au-dessus de toutes joies.

Tâchez de vous accoutumer chaque soir à ce saint exercice qui vous donnera paix et tranquillité d'âme. Comme vous paraîtront vains alors les tracas et les brouilleries. On acquiert ainsi une grande liberté intérieure, et notre marche se fait plus allègre à mesure que se rapproche l'instant de la rencontre. Le premier bienfait sera d'exorciser la peur. Péguy fait dire à sa Jeannette de Domrémy : « Quand je joue aux boquillons sur le chemin, et que mon père m'appelle à la maison, je n'ai pas peur de mon père. » Le second sera d'aiguiser en nous le désir de Dieu. Le désir de voir Dieu, d'entrer dans la plénitude de Dieu, est sous-jacent à tout l'ensemble de l'Evangile. Etre sauvé ne signifie pas seulement échapper aux griffes du démon, mais connaître Dieu comme il se connaît. Or il ne convient pas que Dieu se donne à une âme qui ne le désire pas suffisamment.

Redites souvent en vous-même cette phrase lapidaire de saint Paul : *« Mihi vivere Christus est et mori lucrum.* Pour moi, vivre c'est le Christ et mourir m'est un gain. » Et l'admirable formule de la préface des défunts : *« Tuis enim fidelibus, Domine, vita mutatur, non tollitur.* Pour vos fidèles, Seigneur, la vie est changée, mais elle n'est pas ôtée. »

Les coups de la souffrance donnés à notre corps sont comme les coups de bec du poussin enfermé dans l'œuf : dans quelques instants ce sera le jour !

La vie intérieure

« Cherchez d'abord le Royaume de Dieu et sa justice, dit Notre-Seigneur, et le reste vous sera donné par surcroît. » (Mat. 6, 32)

« Le Royaume de Dieu est au-dedans de vous. » (Luc 17, 21)

Il est clair que selon ces paroles, le Royaume signifie une intime amitié avec Dieu. Il y a dans le monde une dose d'inconscience et de médiocrité qui ne peut être compensée que par des âmes éprises de vie intérieure. Voici comment Dom Delatte posait la question : « Croyez-vous que le Seigneur ait donné son sang pour obtenir ce que le monde lui donne ? Des âmes baptisées, allant de chute en chute, usant leur vie dans l'éloignement de Dieu, dans des efforts intermittents suivis de rechutes plus lourdes, jusqu'à ce qu'enfin épuisées, brisées par leurs chutes, elles s'endorment avec l'absolution et l'extrême-onction… Croyez-vous que le Seigneur n'ait pensé qu'à cela et à cette fin prosaïque ? Jugez-vous que cela soit suffisant pour répondre à l'Incarnation et à la Rédemption ? Nous n'avons pas été aimés à demi. Dieu n'a pas usé de limitations ni de réserves. Il a épuisé toutes les ressources de son amour et s'y est mis tout entier. Il nous a tout donné et s'est donné lui-même dans son Fils. Il n'y a qu'une seule réponse à l'amour qui a fait la Rédemption, qu'une seule réponse suffisante, c'est la charité absolue, qui ne se réserve rien. »

Le Père Emmanuel, au soir d'une première communion, réunit les enfants après la cérémonie et leur dit gravement : « Maintenant, vous n'appartenez plus au monde, vous appartenez à Jésus-Christ. » C'est ainsi qu'il éduquait les âmes à cet éveil de la foi que nous appelons la vie intérieure.

On a trop souvent confondu vie intérieure et introspection. Mais il s'agit au contraire d'un dégagement du vieil homme, d'une candeur, d'un esprit d'enfance et d'une confiance invincible que rien ne rebute. C'est la découverte au fond de l'âme du Royaume dans toute sa fraîcheur : *Regnum Dei intra vos est.* « La vie intérieure, disait Dom Romain, est une irradiation de la foi dans toutes les puissances qui nous permettent de connaître Dieu, nous-mêmes et les créatures. » Il lui reconnaît trois caractères : elle est *nécessaire* (sans elle la foi s'étiole), *souveraine* (elle doit dominer toute l'existence), *indivisible* (il ne faut pas la morceler). Ce que les Pères de la vie monastique appelaient *vie contemplative*, nous l'appelons *vie intérieure*, afin de l'étendre à toute la vie, mais c'est la même réalité. Non pas un refermement sur soi mais un rayonnement surnaturel, non pas un refuge mais un tremplin, non pas un abri mais un phare. Cultiver la vie intérieure est dans le droit fil des exigences contenues dans l'Evangile. C'est cette vie intérieure qui permettait à saint Paul de dire : « Je surabonde de joie au milieu de toutes mes épreuves. » C'est elle dont Jésus parlait quand il disait : « Je suis venu pour qu'ils aient la vie et qu'ils l'aient en abondance. » (Jn 10, 10)

La Règle de saint Benoît

A la fois douce et exigeante, large dans ses horizons, capable d'embrasser le destin des hommes de tous les temps, et attentive envers les plus petits d'entre nous, dont elle devine les plus secrètes aspirations, la Règle de saint Benoît, il ne faut pas s'en étonner, a toujours attiré et conquis les âmes désireuses de gravir les sentiers de la voie étroite. Et l'oblature bénédictine, par-delà les murs de nos monastères, ne signifie rien d'autre que cette confiance manifestée par les familles et les sociétés envers une législation que le temps et l'expérience ont rendue capable de forger notre spiritualité occidentale. Bossuet, s'adressant aux Bénédictins de Saint-Maur dans un panégyrique de saint Benoît, leur disait : « Les mondains courent à la servitude par la liberté, vous, mes Pères, vous allez à la liberté par la dépendance. » Cette dépendance qui nous lie à Dieu et nous délivre de nous-mêmes nous effraie parfois, du moins tant que nous n'y avons pas goûté, mais elle est la loi suprême des sociétés, et je vous invite à y découvrir ce je ne sais quoi de frais et de familial, d'avant le durcissement du monde, qui correspond aux premiers âges de la Chrétienté, et qu'on a appelé non sans raison le printemps de l'Eglise.

Jour après jour la lecture de la Règle unira vos moindres actions à celles de vos frères moines. Rien ne vous empêche alors de les suivre en esprit, en train de lire, ou d'écouter autour de leur Père abbé de saintes lectures, de cultiver la terre qui est l'image de la bonté de Dieu, et d'en tirer un cantique de bénédiction. Voyez-les prier et travailler dans cette sorte de grand village dont l'architecture semble monter d'elle-même vers Dieu nuit et jour avec le chant des psaumes ; quelque chose qui ressemble à la paix du premier jardin où Dieu venait parler avec Adam à la brise du jour, où l'effort quotidien ne consiste en rien d'autre qu'à obéir, à s'aimer les uns les autres, à vivre et à marcher en présence du Dieu invisible. N'est-ce pas consonant avec le projet de toute âme voulant faire de son existence un commencement de vie éternelle ?

Travaillons à en être persuadés. Et la règle suprême de toutes nos convictions, c'est la foi. Une foi sans cesse en éveil et sans cesse en œuvre « jusqu'à ce que le jour vienne à pointer et que l'étoile du matin se lève dans nos cœurs. »

Réflexions sur l'oraison

Mgr d'Astros, écrivant à la princesse de Condé, fondatrice des Bénédictines de Saint-Louis du Temple, lui avait demandé comment elle faisait oraison. Pour toute réponse, elle lui ouvrit son âme avec une grande simplicité.

On verra que la plus haute règle de l'oraison est peut-être de n'en avoir pas. Le Saint-Esprit, qui trouve ses délices parmi les enfants des hommes, a tôt fait d'entrer dans une âme détachée d'elle-même et heureuse de n'être rien :

« Ce qu'il me semble ? C'est que l'oraison n'est pas la science de faire des livres ni des sermons, même à soi-même…, mais un simple moyen de s'unir à Dieu, non par l'attrait de la jouissance qu'on peut y éprouver (ceci ne vaudrait rien, vous le savez mieux que moi), mais pour le mieux honorer, glorifier et aimer ; car, si nous nous unissons à lui, il daigne s'unir à nous, et alors nos mouvements de cœur et tous nos sentiments acquièrent un prix qu'assurément ils n'ont pas par nous-mêmes.

« Quant à ce que je sens, le voici : d'abord une grande nullité, dont je vous avoue que je ne cherche pas à sortir ; si ce n'est par quelques exclamations de cœur, telles que celles-ci : O mon Dieu ! ô amour ! ô Jésus ! J'ajoute ensuite : je viens en votre sainte présence vous supplier d'abaisser vos yeux sur moi, tandis que j'ai la volonté, par votre grâce, d'élever les miens et mon cœur vers vous... Ensuite je me livre à quelques sentiments, ou d'amour, ou de reconnaissance, ou d'abandon. Quelquefois je ne puis me livrer à un sentiment déterminé, parce que tous s'élèvent à la fois dans mon cœur ; alors ce cœur ne peut que rester immobile et s'écrier : que voulez-vous que je fasse ? Je l'ignore ; mais tout mon être est à vous... Ce que vous voulez que je pense, que je sente, que je vous offre, je veux le penser, le sentir, vous l'offrir... Je fais plus, je m'unis pour tout cela à votre Sacré-Cœur, et vous offre ses propres pensées, sentiments et offrandes... D'autres fois un mot de l'Evangile (je dis un mot) se présente à mon souvenir ; je ne m'efforce point de réfléchir sur ce mot... il est de Jésus-Christ... il dit tout et n'a pas besoin de mes commentaires pour me pénétrer et m'exciter à vivre uniquement de ce divin ami..., ce qui me paraît le but direct de tous les moyens employés par la piété ; aussi trouvé-je sans m'alambiquer l'esprit, le fond de notre sainte religion dans la réponse la plus simple du catéchisme, qui est celle-ci : Pourquoi Dieu vous a-t-il créé ?... Pour le connaître, l'aimer et le servir, et par ce moyen obtenir la vie éternelle. Il lui plaît souvent de me pénétrer de cette vérité, et de me donner la volonté d'en faire la base de ma conduite dans les différentes circonstances de ma vie.

« Il arrive aussi qu'à travers tous mes radotages de cœur, l'ami fidèle me suggère tout à coup quelques bonnes pensées dont je ressens plus d'utilité que si je m'étais épuisée et desséchée à les faire naître en moi ; je ressens une espèce de certitude intérieure qu'elles viennent de lui, et je tâche de les conserver avec respect, reconnaissance et amour... Voilà, monsieur, ma manière d'oraison, si vous voulez lui donner ce nom ; mais c'est son bon côté, et trop souvent le mauvais se présente ; c'est-à-dire la froideur, l'ennui, la négligence, les distractions trop peu combattues ; c'est ce que j'y éprouve aussi, et c'est la réponse à votre troisième question. Malgré tout, n'eussé-je répété que quelquefois mes exclamations : ô amour ! ô Jésus ! sans oublier Amen (que j'aime), parce qu'il est un consentement de mon cœur à toutes les volontés divines, et à tous les sentiments du cœur de Jésus ; n'eussé-je fait que cela, dis-je, j'en remercie Dieu encore, parce que je ne l'aurais pu de moi-même ; ensuite j'y joins tous mes regrets de l'aimer si peu et si mal, mais sans me troubler positivement, parce que je m'appuie et m'unis aux sentiments de Jésus tout amour. »

TABLE DES MATIÈRES

Introduction 5
De trois maximes négatives 11
Le goût de Dieu 12
La lecture 13
La méditation 14
L'oraison 15
L'oraison jaculatoire 17
Le Rosaire 18
Confession et communion 19
La prière liturgique 20
Les intercesseurs 22
La direction spirituelle 23
Le devoir d'état 26
L'examen de conscience 26
L'état de mariage 28
La mortification 29
La bonne humeur spirituelle 29
Le saint abandon 31
La charité fraternelle 32
La préparation à la mort 33
La vie intérieure 35
La Règle de saint Benoît 37
Réflexions sur l'oraison 40

ACHEVÉ D'IMPRIMER
SUR LES PRESSES DE
L'ARTISANAT MONASTIQUE DE PROVENCE,
EN LA FÊTE DE SAINT JOSEPH,
LE DIX-NEUF MARS MIL NEUF CENT
QUATRE-VINGT QUATORZE.